je lis, je fourmille, je grandis

22, rue Huyghens - 75014 Paris www.albin-michel.fr
Loi 49956 du 16 juillet 1949 sur les publications destinées à la jeunesse.
Dépôt légal : premier semestre 2002 — N° d'édition : 12268 — ISBN : 2 226 11955 8
Édition originale publiée par Dolphin, une marque d'Orion Children's Books
Orion House, 5 Upper St Martin's Lane, London WC2H 9EA
et parue sous le titre *Benny's Big Cousin*

Imprimé en Italie par Officine Grafiche de Agostini

Keren Ludlow-Willy Smax

TÉO MÉCANO
L'INSUPPORTABLE COUSIN

ALBIN MICHEL JEUNESSE

Un beau matin, Téo Mécano, la dépanneuse, reçoit une carte postale.

– OH, NON ! soupire Téo. C'est mon cousin Raoul. Il vient nous voir aujourd'hui !

– Il est déjà là, dit Luc en voyant arriver un énorme camion.

– EH OUI, ME VOILÀ ! dit Raoul.
C'est moi le plus gros, moi le plus fort !
Et, pour montrer comme il est fort,
il fait ronfler son moteur.

À côté de son gros cousin, Téo se sent un peu petit. Pourtant, il essaie d'être gentil et agréable.

– Je t'emmène visiter Pépinville ?
propose Téo.

– PFFF ! répond Raoul, ce sera vite fait.
Une si petite ville !

Dans une rue de Pépinville, Téo aperçoit monsieur Miche, le boulanger.
Il a des ennuis : son store est coincé.

– Je vais vous aider ! s'écrie Téo.

– NON, MOI ! dit Raoul.
C'est moi le plus gros, moi le plus fort !

Et il bouscule le pauvre Téo pour prendre sa place.

En poussant fort avec sa grosse grue,
Raoul referme le store de monsieur Miche.

Puis, il demande à Téo :
– Bon, et maintenant, où allons-nous ?

– Allons à la scierie, dit Téo. Suis-moi.
Mais Raoul lui passe devant, et VROUM !

Raoul fonce à toute allure. Il va si vite que tout le monde doit sauter pour l'éviter.

– ATTENTION, RAOUL ! lui dit Téo.

– Attention à quoi ? dit Raoul. Les gens me voient venir. Je suis si gros !

À la scierie, les ouvriers chargent des troncs d'arbres sur Larry, le semi-remorque.

Les troncs sont tellement lourds que
les hommes ont du mal à les soulever.

– AH ! Téo, tu tombes à pic, dit monsieur Billot, le patron. Tu peux nous aider ?

Téo n'a pas le temps de dire oui, Raoul répond à sa place.

– NON, plutôt moi !
Je suis le plus gros, le plus fort.

Et une fois de plus, il bouscule Téo
pour passer devant.

Raoul soulève les troncs un à un, jusqu'au dernier. Téo est bien déçu.
Lui aussi voulait aider monsieur Billot !

– Bon, et maintenant ? dit Raoul.
Où allons-nous ?

– À la ferme de Croquepomme, dit Téo.
Il y a toujours beaucoup à faire.

À la ferme, ils trouvent Luc en train de réparer Fred, le tracteur.

– Tu voudrais bien m'aider, Téo ? dit le fermier. Il faudrait tirer la charrue.

Téo jette un coup d'œil au grand champ tout boueux.

– Je crois qu'il te faudrait quelqu'un de plus gros et de plus fort que moi, dit Téo.

– OUI, MOI ! s'écrie Raoul.

Le fermier accroche la charrue…

et montre le grand champ plein de boue.

Tout l'après-midi, Raoul patauge dans
la boue.
À la fin de la journée, il est sale, épuisé…
et furieux.

Raoul a beau être le plus gros,
c'est Téo qui a eu le dernier mot !

FIN